AF611515

LETTRE DV PERE PACIFIQVE DE PROVIN, PREDICATEVR Capucin, estant de present à Constantinople, enuoyee au R. P. Ioseph le Clerc, Predicateur du mesme Ordre, & Deffiniteur de leur Prouince de Tours.

Sur l'estrange mort du grand Turc, Empereur de Constantinople.

Nunquid pax potest esse Zambri, qui interfecit Dominũ suum? 4. Reg 9.

La paix peut elle estre à Zābri, qui mit à mort sō maistre? 4. Reg. 9.

A PARIS,
De l'Imprimerie de FRANÇOIS HVBY, ruë S. Iacques, à la Bible d'Or.

M. DC. XXII.

AVEC PRIVILEGE DV R

Lettre du Pere Pacifique de Prouin, Predicateur Capucin, estant de present à Constantinople, enuoyee au R. P. Ioseph le Clerc, Predicateur du mesme Ordre, & Deffiniteur de leur Prouince de Tours.

Sur l'estrange mort du grand Turc, Empereur de Constantinople.

MON Reuerend Pere. Tres-humble salut en l'amoureuse Croix de Iesus, que vous cherissez si tendremēt. Ie ne doute pas que l'ouuerture de ces cayers ne vous estonne, & qu'elle ne vous fasse dire que c'est passer la longueur ordinaire des plus grandes lettres: Ie l'aduoüe. Mais aussi me promettay-ie que quand vostre reuerence se sera donné la patience de lire le tout; elle iugera que ie ne la pouuois rendre plus brefue, veu l'importance du faict dont elle veut informer vostre esprit, & l'excellente dignité de la personne qui en est le sujet passif. Le faict est, vn massacre le plus ignominieux qui (veu la personne) ait esté comis depuis mille ans; le sujet passif d'icelu y, & sur qui il a esté exercé, est vn Empereur, qui iusqu'à present a esté la terreur de tous les autres, à sçauoir le grand Turc. Que sa Reuerence me permette donc de luy declarer au long & simplement cette funeste & pitoyable Tragedie, & qu'elle y apporte autant de creance quelle doit à vn homme de ma condition, & à vn tesmoing de cette verité. Voicy l'Histoire.

DEpuis trois mois qu'il y a que nous sommes arriuez en cette ville Imperiale de Constantinople, nommee par les Turcs, Stamboul, d'où i'ay des-ja escrit à vostre Reuerence. Le grand Seigneur, nommé Sultan Osman, âgé de 18. à 19. ans, a fait courir vn bruit par tout, qu'il vouloit aller en pelerinage à la Mecque, où est le sepulchre de son grand Prophete Mahomet, & sur ce desseing, ainsi creu de tout le monde, il fit vn grand amas de richesses, qu'il tira tant de son thresor, que de celuy de ses predecesseurs, ausquels il n'est permis toucher, que pour faire la guerre aux Chrestiés. Il prend toutes ses vaisselles d'or, d'argent, & fait fondre tout en lingots, iusqu'à des pommes d'or qu'il voyoit pendre au lambris des salles de son Serrail. Il amasse toutes les pierreries qui estoient dans tous ses thresors, & en emplit iusqu'à quarante caisses, de plus de deux pieds de longueur, chose qui sembleroit difficile à croire aux François, qui n'auroient iamais entendu parler des richesses de cet Empire; enfin le tout estoit suffisant pour charger quatre galeres, auec ses munitions ordinaires: & (ce qui fut trouué fort mauuais) est, qu'il entra dans la sepulture de son Pere Sultan Acmet, où il prist sur le Turban Royal qui est sur le poisle, cinq ou six plumes de heron, auec de beaux diamants de grand valeur, & sur le poisle de son petit fils, qui estoit mort depuis peu, vn gros carquant d'or & de pierreries, que i'y auois veu depuis peu de iours: & prenoit tout cela sous la creance qu'il faisoit donner au peuple, que c'estoit pour faire des presents au sepulchre de son sainct Prophete, auquel il auoit fait vœu. Sur l'attente de son partement, il met ordre que les auenuës de Constantinople par la mer blanche ou mediteranee, & par la mer noire, soient bien gardees, à ce qu'en son absence la ville ne peust estre surprise, comme elle est tres-facile; Et pour ce faire ie vis partir 18. ou 20. galeres, assez mal equippees, qu'il enuoya sur la mer noire, pour empescher la venuë des Roux & Poulonnois, leurs ennemis mortels, qui auec de meschantes petites barques leur viennent donner la fievre iusques dans leur port: Il dispose encore 20. galeres pour la mer mediteranee, pour ſeparer des Eſpagnols : de ſorte qu'il ne reſtoit plus que ſa Majeſté à partir. Sur le delay qu'il en faiſoit de iour à autre, & de ſepmaine en ſepmaine, vn grand murmure ſe gliſſe par toute la ville, ne pouuant approuuer ce long voyage, qui ne pouuoit eſtre de moins que d'vn an & demy, & le tranſport qu'il faiſoit des threſors de ſes anceſtres, les pauures gens ne ſçauoient pas qu'il auoit vne intention bien plus preiudiciable pour eux, que d'aller à la mecque, & qu'il auoit intention de quitter Conſtantinople, & tranſporter ailleurs le ſiege de ſon Empire; car ils euſſent bien murmuré d'vne autre façon, comme ils firent apres qu'ils le ſceurent, de la maniere ſuyuante. Sa Majeſté ayant eſcrit vne lettre au Bacha du grand Caire, qui portoit ce qui ſuit, en ſubſtance.

IE t'aduiſe que pour beaucoup de conſiderations, nous auons reſolu de changer le ſiege de noſtre Empire de cette ville de Consta tinople, où il n'eſt nullement aſſeuré, & le tranſporter en la ville du Caire, & pour ce faire auons trouué bon de porter auec nous, noſtre threſor, & le plus que nous pourrons de celuy de noſtre Pere; C'eſt pourquoy nous t'en dornons aduis, à ce que la preſente receuë tu viennes au deuant de nous, par terre & par mer, auec nos galeres, & nos ſoldats & eſclaues de ces quartiers, la &c.

Ayant fait cette lettre, il appella deux ou trois

de ses fauoris, qui sont pres de sa personne: à sçauoir le Queissilar Aga, chef des Eunuques qui gardent ses femmes, le Silictar Aga, celuy qui porte l'espee de sa Majeste, & le Capi Aga, chef des portiers de son Serrail. Cette commuication de dessein fut le coup de la mort de ce Prince: car apres qu'ils luy eurent remõstré, à leur possible, le hasard auquel il exposoit sa ville, son peuple & son Empire par ce changement, voyant qu'il s'estoit fermé sur cette resolutiõ, ils furent contraints de baisser la teste, soubmettant leur vouloir au sien. Mais que faict l'vn d'iceux, qu'on ma dit estre le Silictar Aga, il s'escoule doucement de la chambre, & s'en va donner cet aduis à tous les chefs de la Milice, comme qui diroit en France, à tous les Capitaines des gardes du Roy, de ses Suisses, & de ses Archers: au Boustangi Bachi, chef des Iardiniers: au Ianissaire Aga, Capitaine des Ianissaires: au chef des Espahys, au chef des Iamouglãs, enfans des Tribuns & aux Cadis, qui sont les Iuges; lesquels tous, voyãt que le grand Seigneur estoit sur son partement, que c'estoit à bon jeu bon argent, & que ce iour là mesme 18. May à 9. heures du matin, le Bacha de la mer auoit amené 13. ou 14. galeres à la poincte du Serrail. Tout proche de la porte de derriere de ses escuries, par où on auoit jà chargé tous ses thresors, & où sa Majesté s'alloit embarquer. Que font-ils, ils courent vistement par toute la ville ramasser leurs soldats, disant. Voila nostre Empereur qui nous laisse, voila nostre Empereur qui nous laisse, & veut quitter son Empire, nous laissant dans les mains des Iaours infideles Chrestiens, & à la mercy de nos ennemis, permettrons-nous cela? allons, allons & l'en empeschons.

A moins d'vne heure ou deux, plus de huict mille soldats, tant Ianissaires qu'Espahis, se trouuerēt assemblez à la grand' place de la Mosquatte neufue, ou tous ensemble ils se resolurent d'aller assieger le Serrail pour prendre le grand Seigneur, & par ce que le Ianissaire Aga y alloit froidement, ils l'eschaufferent promptement à beaux coups de baston. Sa Majesté entendant ce grand bruict (elle qui de long temps craignoit cette reuolte) fit fermer les portes du Serrail ou Palais, & faisant sortir vn de ses Boustangis, pour s'enquerir d'eux ce qu'ils vouloient, ce pauure serpent n'eut pas à peine ouuert la bouche, qu'il se rendit le premier obiect de leur fureur, & le premier reposoir de leurs coutelas: car se ruant sur luy, chacun voulut auoir l'honneur d'auoir quelque morceau de ses reliques: Qui luy couppe le nez, qui les oreilles, qui les bras, qui les jambes, & enfin mis en mille pieces, & apres luy trois ou quatre de ses compagnons qui en pensoient parler. Tout cela ne fut que des roses, au prix de ce qui s'ensuiuit apres.

Le grand Seigneur voyant que tout autant d'hommes

d'hommes qu'il y pourroit enuoyer, ce seroit autant d'hommes perdus. Il se resolut d'y aller en personne, mais vn peu plus seurement & hors de leurs atteintes. Il monta en vn petit cabinet, qui est basty sur la muraille du Serrail, & leur parlant au trauers d'vne ialouzie qui est à la fenestre, il s'enquist d'eux quel estoit le suiet de cette mutinerie, & qu'est-ce qu'ils attendoient de luy. Vn des chefs respondant à sa Majesté, sans autre respect luy dist, Le suiet pour lequel tout ton peuple se sousleue ainsi, & specialement ta milice, est par ce qu'ils voyent bien que tu t'en veux aller hors de cette ville tenir ton siege, & que pour cela tu emportes tous les thresors du Serrail. Qui te meut à faire cela? Si tu veux seulement aller en pelerinage à la Mecque, à quoy bon porter tant de richesses? Quand tu eusses pris cinq cens mille zequins, voire vn million, voire deux, trois & quatre millions d'or, n'estoit-ce pas assez pour ton voyage, & faire tes liberalitez? & tu prends des thresors inombrables, tu emportes ce qui n'est pas à toy, mais à nous, nous les auons amassez à tes ayeulx, pour faire la guerre à nos ennemis & les tiens, à sçauoir les chiens de Chrestiēs, si tu les emportes dequoy serons-nous payez de nos gages, de nos peines & de nos seruices? Que si tu es si desireux de t'en aller, va-t'en à la malheure, & laisse les thresors, nous ferons vn autre Empereur. Mais qui te pousse de t'en aller, n'es-tu pas bien icy auec nous?

Le Prince luy rompant son discours temeraire & outrecuidé, se reuestant d'vn courage Royal & genereux leur dist à tous. Allez, vous ne meritez pas de m'auoir auec vous, ny que ie vous traicte plus courtoisement, puis que vous ne m'auez iamais seruy fidellemẽt: Lors que ie vous ay voulu employer & me seruir de vous pour la deffence de mon Empire, vous n'auez iamais voulu obtemperer à mes vouloirs, qu'en rechignant. Quand cette annee passée ie vous ay ay voulu mener à la guerre de Pologne, quelle peine ay-je eu? Il vous a fallu traisner mal-gré vous: Estant là, i'ay voulu voir si tous ceux qui sont à ma payee ordinaire m'auoient suiuy, & pour le cognoistre ie les ay voulu payer de mes propres mains à la monstre que ie fis faire, où au lieu de quarante mille que ie croyois trouuer, ie n'en trouuay que huict mille. Ces iours passez i'ay voulu armer seulement 40. galeres pour enuoyer sur la mer blãche, & sur la mer noire, pour vous garder en mon absence, & à peine ay-je peu trouuer des soldats, vous sçauez qu'il a fallu que moy-mesme en personne, en habit déguizé i'aye esté dans toutes les tauernes vous chercher, & vous pousser par force dans mes galeres: & encor estãt embarquez dés le premier giste où vous auez touché terre, la moitié se sont eschappez. Que vous semble de tout cela, suis-je serui? n'est-ce pas là donner beau jeu aux Chrestiens? Quand i'ay veu tout cela, & sçachant comme ie sçay que mes deux ennemis ordinaires, le Roy de Perse, & le Roy de Pologne ne dorment pas : I'ay creu que ie n'estois pas asseuré dãs cette ville, n'y estãt pas serui. Outre plus, c'est que ie suis asseuré par toutes mes Propheties, que Constantinop le se doit bien tost perdre, mais que ie le dois reprendre vne autrefois. Le pauure Prince contoit sans son hoste. Toutes ces choses de moy cõsiderees, m'ont faict resoudre de tirer ma personne d'icy, & tout mon thresor, pour me mettre en seureté, & auoir dequoy vous faire la guerre pour reprendre ma ville ; & le lieu où ie voulois aller le plus asseuré estoit le grand Cayre ; Aduisez si ie n'ay pas raison, & s'il est ainsi, pourquoy vous y opposez-vous ? Neantmoins puis que ie voy que cela cause tant de rumeur, ie vous promets que ie desisteray de mon entreprise, & pour les mieux asseurer, il leur iette cette promesse par escrit dans vn morceau de papier : Tout cela ne sift rien ; Ils persistent en leur fureur, & luy respondent qu'ils ne se contentoient pas de cela, & qu'ils demandoient bien d'autres choses : mais que pour le present ils luy demandoient les testes du grand Vezier ou Connestable, de son Koja, c'est à dire, son Precepteur, du Quessilar Aga, & du Taftarda, c'est à dire Secretaire d'Estat, & quelqu'autre encore, & quãd il leur auroit données, ils luy diroient le reste de leur volonté. Pourquoy, dit le Prince, les voulez-vous tuer? Par ce, disent-ils, que ce sont eux qui t'ont donné conseil de faire ce que tu veux faire, ou du moins ne t'en ont point empesché. Ie ne les vous puis pas donner, dict le Prince, parce que ie ne les ay pas pres de moy : Ils estoient pourtant vne partie dans le Serrail, mais il ne leur vouloit pas dire. O bien, dist cette trouppe, nous te donnons 24. heures à les trouuer, au bout desquelles si nous ne les auons, sois asseuré que nous forcerons le Serrail.

Là dessus ceste populace se retire à son quartier, & s'amasse plus grand nombre que deuant, & estoient plus de dix mille soldats : Cependant voila le pauure ieune Prince biẽ empesché, pensant que quoy qu'il fist on luy iouëroit vn mauuais tour ; sur cette crainte, & sur la resolution qu'il auoit de ne point donner les testes demandees : le temps se passe que les soldats luy auoient donné pour terme, & les testes ne viennẽt point : Ce que voyant ceste Cohorte impatiente, elle s'encourt droit au Serrail & l'escalladent, montant par dessus vne petite maison qui est deuant la Mosquette de S. Sophie, & touche la muraille dudict Serrail, vne quantité de Ianissaires estant descendus dedans auec leurs harquebuses, il font teste aux Boustangis qui les pensoient repousser du dedans, cependant que les autres descendent, & vont ouurir la porte à toute la gendarmerie. Où en passant vous remarquerez la valeur de ses gens qu'on estime si valeureux, qu'il n'y en eut aucun de dedans, qui osast tirer vn coup, pour la deffence de leur Roy, se laissant prendre comme poltrons: aduisez si le plus poltron des François n'auroit pas faict autre chose.

Si tost qu'ils furent entrez, vne partie s'en court vistement vers la chambre où s'estoit enfermé le grand Seigneur, auec ses fauoris susdits criant à la porte que les testes jà demandees leur soient donnees, ce qu'entendant sa Majesté, voyant qu'elle ne pouuoit destourner cet orage de dessus les siens, elle tascha au moins de le destourner de dessus sa teste, & pour ce elle ouurit la porte de sa chambre, & leur exposa les testes demandees, à son tres-grand regret, ne pouuant faire autrement. A peine ces Messieurs eurent vn pied hors de la porte, qu'ils furent hachez en pieces, auecque mille ignominies exercees contre leurs membres morts, comme vous verrez cy apres, sans faire aucun tort au Prince, pour lors, ains le laisserent là.

Tandis que ceux-cy faisoient ces beaux jeux: les autres couroient par le Serrail, cherchant la prison où estoit le Sultan Mustapha, Oncle du petit Prince, lequel auoit esté tousiours en prison depuis qu'il fut deposé de l'Empire, il y a quatre ans & demy, & ne pouuant trouuer les clefs de la prison pour ouurir la porte, ils monterent dessus, elle est faicte comme vn petit dosme, couuerte de plomb, si que leuant le plomb, & rompant la voulte ils entrerent dedans, & tirerent ce pauure homme dehors auec des chordes: qui occasionna plusieurs mal informez de l'affaire, de croire qu'on l'auoit trouué dans vn puits d'où on l'auoit tiré, mais asseurement ce fut de ceste prison qu'il fut tiré, plus mort que vif, tant pource qu'il n'auoit beu ny mãgé de trois iours, que pour l'apprehension qu'il auoit qu'on le prenoit ainsi pour le faire mourir, chose assez aisee à croire à luy, voyant tant de soldats en furie; On luy apporte incontinent vn verre de cherbet, qui est de l'eauë emmiellee & sucree, pour luy faire reuenir le cœur: mais voyant cette liqueur trouble & espoisse, croyant que ce fust du poison, qu'on luy voulust donner (comme ja autrefois on luy en auoit donné) pour crainte qu'on eust qu'il se voulust faire Roy à l'absence de son Nepueu. Il leur dist d'vne voix tremblante: Ah! que voulez-vous me faire, n'estes-vous pas contens de m'auoir desia voulu autrefois empoisonner, de m'auoir osté la Couronne de dessus la teste, & de m'auoir tenu quasi toute ma vie en prison, sãs me vouloir oster la vie à moy pauure Deruich (c'est à dire Religieux, & disoit cela, parce qu'en effect il est Religieux des leurs.)

Alors les soldats luy respondirent: Non, non, ne crains point ce n'est pas pour te faire mourir que nous t'auons tiré de prison, mais pour te faire Empereur à la place de ton Nepueu. Luy croyant qu'ils se mocquoient il leur dist. He! de grace laissez-moy la vie, ie renonce librement à la Couronne. Chose admirable, ce Prince ayme mieux estre asseuré de la vie dans la condition la plus miserable du monde, qu'estre au hasard de la perdre, & de se la voir abbreger dans la condition la plus releuee du monde, comme est celle d'Empereur, où ce void clairement comme la vie nous est chere. Il ne voulut donc iamais boire ce cherbet, mais de l'eau toute claire qu'il demãda, ce qui luy fist reuenir vn peu les esprits, & passer son apprehension. A l'heure mesme vne partie de ces soldats le prirent sur leurs espaules, & le portant par tout le Serrail ils le proclamerent Empereur, criant tout haut, Sultan Mustapha Roy, Sultan Mustapha Empereur, & tous les autres respondoient, *Amen, amen*, qu'il viue à iamais, qu'il viue à iamais. Ie vous laisse à penser quelles vifues attaintes ces voix, & ces clameurs d'allegresses donnoient au cœur du petit Prince Sultan Osman, qui de sa chambre entendoit publier vn autre Empereur, & par consequent se voyant à la veille de se trouuer dans la prison d'où auoit esté tiré son oncle, ou entre les mains d'vn bourreau, comme il se trouua le lendemain.

Or pour reuenir à Sultan Mustapha nouuellement esleu, il faut que vous sçachiez qu'il se trouua si fort agité de deux passions contraires, de l'apprehension grãde qu'il auoit euë de la mort, & la grand' ioye subite de se voir proclamé Empereur (comme il l'auoit ià esté trois mois) qu'il s'esuanouit, & eut-on peine de le faire reuenir: Mais enfin estant reuenu à soy, il dist qu'il auoit faict vœu de deliurer tous les prisonniers qui estoient dans toutes ses prisons, tant de Constantinople que de Galatta, ce que ie vis estre fait aussitost: Et peu apres on enuoye les Crieurs par la ville, qui au lieu de trompettes, vont publiant Sultan Mustapha Empereur de Turquie, & tenoient en leur main vne grand' fueille de papier, où ils lisoient les suiets de la deposition de Sultan Osmã, disant que c'estoit parce qu'il estoit Iaour, c'est à dire Infidelle, & qu'il vouloit mettre son Empire és mains des chiens de Chrestiens, & ils disoient cela pour le rendre plus odieux au peuple, & à ce que leur action fust mieux receuë du public.

Sultan Mustapha estant donc publié Empereur il fut tiré du grand Serrail neuf, & porté dans l'Esqui-serrail, c'est à dire le vieil Serrail qui est au milieu de la ville, où il fut toute la nuict iusques au lendemain vingtiesme de May.

Cependant le ieune Prince Osman, bien affligé, abandonné de tout le monde, aucun n'estant si ozé que de l'aller voir, ny le plaindre s'il ne vouloit estre assommé, il passa vne partie de la nuict dans sa chambre auec les sanglots

que

que chacun peust s'imaginer, luy qui s'estant veu deux iours auparauant la terreur de tous les Roys du monde, se voyoit delaissé, & moqué de ses propres esclaues, dōt la condition estoit pour lors beaucoup meilleure: Le lendemain 20. May, auant le iour, il s'encourt desgu sé, couuert d'vne cuirasse blanche dans la maison du Ianissaire Aga son intime, & y fait venir vn sien autre fidelle nōmé Vssin Bacha qu'il fit grand Vezier, selon l'authorité q'uil en auoit, quoy que non le pouuoir de le maintenir cōme vous l'allez voir. Assemblez qu'ils sont ils tiennent Conseil, & cherchent quelque expedient pour appaiser ce peuple, & euiter vn plus grand malheur, dont il se voyoit menacer de fort pres, & l'expedient que le petit Prince iugea plus efficace pour luy, fut que le Vezier Vssin Bacha, & le Ianissaire Aga allassent trouuer cette trouppe, & apres leur auoir doucement remonstré l'obligation qu'ils auoient à leur Prince legitime Sultan Osman, leur offrir de sa part à chacun 60. zequins, qui sont plus de soixante escus, & de rehausser à chascun la paye de deux aspres par iour, c'est vn sol: ce commandement fut aussitost executé par lesdits sieurs, mais mal leur en prist, car si tost qu'ils eurent acheué les propositions qu'ils leur offroient de la part de leur Maistre, les soldats redoublerent leur furie, & leur dirent; Cōment, vous en voulés encor parler, & croyés que nostre iuste courroux peut estre appaisé pour de l'argent? Non non, & aussitost ils se ruerent sur eux, d'vn coup de coutelas fendirent la teste au Vezier, puis luy arracherent toute la grand' barbe qu'il auoit, & luy hacherent tous les membres, autant en firent-ils au Ianissaire Agar.

Eschauffez qu'ils s'estoient au carnage, ils courent en la maison ou estoit Sultan Osman, & s'en saisissēt sans obseruer aucun respect à l'abord de sa personne; & l'ayant pris ils enuoyent demander à Sultan Mustapha, nouuel Empereur ce qu'il vouloit qu'on en fist, & s'il ne vouloit pas qu'on luy menast pour luy faire baiser les mains: cette demande attendrit le cœur de Mustapha voyant ainsi son Nepueu à la mercy des soldats, & dist qu'il ne le pouuoit pas voir, & qu'ō l'esloignast de luy, & qu'ils le missent où ils voudroient: les soldats ayans receu cette responce, font monter Sultan Osman sur vn meschant cheual d'vn Chaoux, & le menerent au Camp de la milice, qui est vne grāde maison, où couchent les Ianissaires. Si iamais il s'est veu au monde vn obiect excitant à la compassion c'estoit de voir ce pauure petit Prince monté sur ce cheual, auec sa cuirasse blanche, on luy auoit osté son Turban Royal, & estoit tout teste nuë, la teste raze comme sont les Turcs, & auoit seulement vne meschante petite calotte sur la teste, les larmes grosses comme des perles qui luy couloient le long des ioües, & mille souspirs que son cœur affligé lançoit deuers le Ciel; ce qui donnoit de la surcharge à sa douleur, estoit les paroles & actions impudentes que quelques soldats enragez luy disoiēt & faisoient par despit, l'vn grinçoit les dents l'appellant Iaour, l'autre crachoit contre terre & frappoit du pied, & vn entre les autres luy monstant vne chorde luy dist. O larron! tu meriterois d'estre estranglé auec cette chorde, comme vn larron qui a voulu desrober nos thresors. Et pour cōble de toutes les ignominies qui se peuuent faire à vn Prince si grand, est qu'on portoit deuant luy au bout d'vne lance, la teste du Vezier son fauory, qui estoit toute fēdue: l'autre portoit le bras d'vn autre, & ainsi chacun portoit quelque piece, de tous ses seruiteurs qu'ō auoit tués, aduisez quelle tragedie. Non, si ie n'estois moy-meime sur le lieu, & que ie sceusse cela comme ie le sçay, ie ne le pourrois pas croire, mais ie ne vous dis rien qui ne soit veritable, ayant esté informé des plus particulieres circonstances, par vn Ianissaire & vn Espahy, & par vn Gentil-homme François, Renegat, qui ont esté presents à toute la tragedie, portant les armes auec la meslee.

Le petit Prince estant arriué au Camp de la

Milice, monté sur ce cheual, il fut mis dedãs vn meschant chariot, tenant vne portiere, & le Sour-Bachi l'autre: ce Sour-Bachi est comme vn maistre bourreau, iugez l'esperance que cette belle compagnie pouuoit donner à ce ieune Prince, & ainsi fut conduict aux sept tours, sur le bord de la mer blanche. En allant là, ce pauure petit Prince sortant par fois la moitié de son corps hors la portiere, il tiroit vn grand mouchoir qu'il auoit à sa ceinture, & se le liant autour du col, il le tendoit aux soldats qui estoient à l'entour de luy, & auec de grosses larmes il leur crioit d'vne voix entre couppee de sanglots. He! mes amis, he! mes freres, he! que quelqu'vn de vous me fasse ce plaisir que de m'estrangler; tenez, tirez ce mouchoir, ne craignez point, que i'aye plustost l'honneur de mourir de la main d'vn soldat, que le deshonneur d'estre estranglé dans vne prison, par la main d'vn bourreau: mais il parloit en vain: vn seul se trouua, qui respondant plus à la voix de son cœur, qui aprehendoit la mort, qu'à la voix de sa bouche qui l'alloit mendiant, luy dist. Prince, ne te desespere point, encore qu'on te meine dans la prison, peut-estre que ta fortune sera meilleure que tu ne penses, prenez courage: bon-gré mal-gré, il fallut bien qu'il le prist. On le meine donc aux sept tours, & le faict-on entrer dans vne prison qui estoit basse, où il falloit passer vn guichet fort bas & estroict.

Peu apres qu'il fut arriué là dedans; voicy venir le grand Vezier nouuellement faict par le nouuel Empereur Sultan Mustapha, & qui est beau frere d'iceluy, lequel luy prononça la sentence de mort de la part de Mustapha, luy disant. Prince tres excellent, ie viens icy à mon tres-grand regret, mais enuoyé de l'Empereur Sultan Mustapha ton Oncle, maintenant couronné à ta place, pour te prononcer le triste arrest de mort, il faut que tu meures tout à cet heure. Ha (s'escria ce petit Prince) moy que ie meure, moy que ie meure, il faut que ie meure! Qu'ay je fait qui merite la mort? Quoy, faut-il que ie patisse pour les autres, que l'innocent meure pour les coulpables? Ie n'ay rien faict que par le conseil de mon grand Vezier, de mon Koja & des autres qui estoient pres de moy, si eux seuls estoient coulpables, & vous les auez fait mourir, n'estes-vous pas contents? Et si ie vous promets que ie desisteray de toutes mes entreprises, cela ne suffit-il pas pour me rendre pardonnable, pourquoy donc me veut-on faire mourir? Prince, dist le Vezier, il faut que tu meures. Ah ! que ie meure, me faut-il mourir ? permettez moy donc que ie fasse ma priere auant que de mourir, ce qui luy fut permis, & l'a fit auec les larmes & les souspirs que vous pouuez penser : puis se leuant d'vne grande vistesse dist. He ! n'y a-il personne icy qui me vueille prester vn poignard, pour me donner le moyen de venger ma mort, & me deffendre contre mes bourreaux, mais en vain faisoit il ces demandes; c'estoit la ieunesse & le sang Royal, qui boüillant dans ses veines, ne luy pouuoient permettre d'enuisager la mort. Sur ces contrastes de la vie & de la mort, voila cinq ou six estafiers qui l'abordẽt pour le saisir, contre lesquels il se rua si courageusement, que de ses poings seulement il en ietta trois par terre. Tout cela n'estoit que prolonger sa mort, & non l'euiter, car vn de ces hommes qui estoient là, espia si bien son temps, qu'il luy ietta vne corde de soye au col, & l'accrocha. Le pauure petit Prince se sentant ainsi serré, & aux dernieres agonies, se demena si courageusement des pieds & des mains, qu'ils auoient peine à l'estrangler, ce que voyant vn de ces bourreaux, il luy lascha deux coups d'vne petite hache, l'vn sur l'espaule, l'autre sur le col, seulement pour l'estourdir, & luy debilita si bien les forces, que ne se pouuant plus reuancher ils l'estranglerent à leur aise, voila donc nostre petit Prince mort, & son corps tombé par terre, rendant vne grande quantité de sang par le nez & par la bouche.

La cruauté & l'ignominie ne sont point encor cessées, ainçois elles vont commẽcer sur le corps du deffunct. Car si tost qu'il fut mort, le grand Vezier present, luy couppa vne aureille qu'il mist dans son mouchoir, & l'apporta à Sultan Mustapha pour l'asseurer que son Nepueu Osman estoit mort. O cruauté plus que barbaresque! O spectacle cruel! voyla bien maintenant accomply le songe qu'il auoit eu il y a enuiron trois sepmaines. Il songea vne nuict qu'il estoit en chemin de son voyage pretendu de la Mecque, monté sur vn grand chameau, & que sur le chemin son chameau s'escoulant de dessous luy, s'enuola au Ciel, & ne luy demeura rien que la bride en la main; luy bien empesché à l'interpretatiõ de ce songe, consulte son Koja, ce qu'il luy en sembloit, mais il luy respondit que ce songe estant mysterieux, il n'osoit entreprẽdre de luy en dire sõ aduis, & qu'il estoit d'aduis seulement qu'il allast voir son Oncle Mustapha en sa prison, & que luy qui parloit ordinairement auec les Anges, luy en pourroit donner l'explication. Il se resoult de suyure cest aduis, & de fait, ie le vis de grand matin sortir de l'Esqui-serrail où il auoit couché deux ou trois nuits, & venir dãs son Cayque par eauë dans le grand serrail pour trouuer son Oncle Mustapha, auquel ayant exposé son songe, il luy respondit : Sçache que ce grand chameau sur lequel tu songeois estre monté, est ton Empire qui t'a esté suiet & obeissant iusqu'àpresent, ce qu'il te sembloit qu'il s'est escoulé de de dessous toy veut dire que bien tost il se rebellera contre toy, & t'eschappera des mains, tu le perdras, & la seule bride qui t'est restee à la main, veult dire que de ton viuant mesme, sera vn autre Empereur à ta place, & ne te restera que le nom & la marque d'Empereur voyla pas vne interpretation aussi admirable que le songe estoit mysterieux? N'estoit que ie l'ay sceu le iour mesme qu'il eut ce songe, auec l'interpretation susdicte, trois sepmaines auant toute cette rumeur, & auant l'accomplissement d'iceluy songe, i'aurois creu qu'il auroit esté faict à plaisir, apres la tragedie iouëe. Mais comme ie vous dis, ie l'auois sceu, & notté plus de trois sepmaines deuant

uant, & vis moy-mesme le petit Prince deffunct aller au lieu où estoit son Oncle dés le grand matin, & me dist-on que c'estoit pour le consulter sur ce songe. Songe que vous auez veu accomplir de poinct en poinct, puis que Sultan Osman vit de ses yeux vn autre Empereur à sa place; & son Empire luy eschapper, la seule bride luy estant restee aux mains, d'où elle tomba encore, lors que son corps mort tombe par terre, comme nous auons dict cy-dessus.

Le lendemain qu'il fut estranglé vingtiesme May, le corps mort du petit Prince fut apporté de la prison au grand Serrail, pour le faire voir à Sultan Mustapha, à ce qu'il ne doutast point de sa mort; & tout d'vn pas, vers les huict heures du matin fut porté enterrer, dans la sepulture de son Pere Sultan Acmet, & pres de son petit fils: Cet enterrement fut si triste, & auecque si peu de pompe ny compagnie, que personne n'y osoit assister, depeur d'estre soupçonné auoir esté de son party, seulement y auoit-il des femmes qui par leurs larmes & paroles, appelloient tout haut le Ciel à tesmoin de cet outrage commis en la personne de ce ieune Prince.

Voyla que c'est que d'vn Royaume où il n'y a point de princes legitimes pour soustenir le party de son Roy contre vne canaille de populace, vn seul eust mis tout cela en piece : Par ces mal-heurs de nos voisins, voyōs-nous encore à quoy sert cette supreme Cour de Parlement qui s'est toujours renduë si vifuement protectrice de nos Roys, & s'est si rigoureusement opposée à tous ceux qui par escrit ou de parolles en ont voulu heurter l'authorité. Ie prie nostre Seigneur qu'il conserue aux vns & aux autres le zele de la Foy Chrestienne, & la fidelité qu'ils doibuent & ont toujours portée à leur & nostre Prince, le nom & la memoire duquel ie porte indeleblement escrite dedans mon cœur, le presentant à Dieu en toutes les froides oraisons que sa diuine Maiesté me donne la grace de faire.

Parce que ie ne puis pas mander cette nouuelle à tāt de gens, y ayant trop à escrire, Ie supplie vostre Reuerence d'en faire faire quelques copies, pour en faire part à tous nos bons Peres; Cela leur rafraichira encore la memoire de mes besoings pour les presenter à nostre Seigneur, & les asseurera du souuenir que ie ne puis perdre d'eux. Ie ne doubte pas que desia cecy ne soit imprimé dans Paris, & que chacun ne ſache deſia cette hiſtoire tragicque. Mais parce que ie me ſuis doubté qu'on n'y fiſt auſſi paſſer beaucoup de menſonges, cõme c'eſt l'ordinaire de ceux qui gaignent leur vie à ce meſtier. I'ay voulu vous mander au long toutes les circonſtances, & pour cela ayje voulu attendre que toutes les rumeurs fuſſent paſſées: Monſieur de Cecy Ambaſſadeur pour le Roy en cette ville l'a encor eſcrit à ſa Maieſté, non autrement que ce que ie vous mande. C'eſt vn braue ſeigneur & grandement zelé au maintien de l'honneur du Roy, & des François, n'eſpargnant à cet effect, ny ſon propre bien, ny ſon ſang qu'il expoſe tous les iours, ne pouuant ſouffrir eſtre fait la moindre choſe du monde contre l'honneur du Roy, ny des François, qu'il n'aille chez les plus grands, le poignard à la main leur faire mille reproches & brauades: choſe qui nous fait apprehender tous les iours, & dont il ne ſe ſoucie, pourueu qu'il cõſerue & maintienne l'honneur de ſon Maiſtre. Ie prie Dieu qu'il le conſerue luy meſme, nous luy auons de l'obligation pour la bonne reception qu'il nous a faicte & faict encores. Ie le recommande à vos ſainctes prieres, & à celles de tous nos bons Peres vous ſuppliant auſſi ne m'y pas oublier, puis que ie ſuis & veux eſtre touſiours,

Mon Reuerend Pere, de voſtre Reuerence.

Tres-affectionné F. & ſeruiteur en noſtre Seigneur.

F. PACIFIQVE DE PROVINS Capucin, indigne.

De Pera les Conſtantinople, ce 30. May 1622.

Priuilege du Roy.

LOVYS par la grace de Dieu, Roy de France & de Nauarre. A nos amez & feaux Conseillers les gens tenans nos Cours de Parlemens de Paris, Tholoze, Roüen, Bordeaux, Dijon, Aix, Grenoble, Bretagne, Baillifs, Seneschaux & Preuosts desdicts lieux: & à tous nos autres iusticiers, officiers & subiects qu'il appartiendra, salut. Nostre bien aymé François Huby, maistre Imprimeur en l'Vniuersité de ceste nostre bonne ville de Paris, nous à faict tres-humblement dire & remonstrer, qu'il auroit recouuré vn liure intitulé *Lettre du P. Pacifique de Prouins, Predicateur Capucin*, estant de present à Constantinople, enuoyee au R. P. Ioseph le Clerc, Predicateur du mesme Ordre, & diffiniteur de leur Prouince de Tours, sur l'estrange mort du grand Turc, Empereur de Constantinople: qu'il feroit volontiers imprimer & mettre en lumiere, s'il nous plaisoit le luy permettre & luy octroyer nos lettres sur ce necessaires. A ces causes, desirant fauoriser l'exposant, luy auons permis, accordé & octroyé, permettons, accordons, & octroyons par ces presentes, qu'il puisse & luy soit loisible de l'imprimer ou faire imprimer ledit liure, en tel volume & caractere que bon luy semblera, iceluy vendre & debiter par tous les lieux & endroicts de cestuy nostre Royaume, iusques au temps & terme de deux ans accomplis, sans que pendant ledict temps aucuns Imprimeurs ny autres le puissent imprimer, vendre ne distribuer en cestuy nostre Royaume, sur peine de confiscation desdits liures, & d'amende arbitraire. Si vous mandons & enioignons par ces presentes, que de nostre present congé & permission vous faictes & laissez iouyr pleinement & paisiblement ledit Huby, & à ce que personne n'en pretende cause d'ignorance, voulons qu'en mettant au commencement ou à la fin dudit liure vn extraict des presentes, elles soient tenuës pour suffisamment notifiees. Car tel est nostre plaisir. Donné à Paris le 27. iour de Iuillet, l'an de grace 1622. & de nostre regne le 13.

Par le Conseil.

TARDIEV.

www.ingramcontent.com/pod-product-compliance
Ingram Content Group UK Ltd.
Pitfield, Milton Keynes, MK11 3LW, UK
UKHW020403250726
13967UKWH00005B/2441

9 782011 924674